바탐방은 새벽에 왈츠를 춘다

문학공원 시선 104

바탐방은 새벽에 왈츠를 춘다

한상섭 시집

문학공원

자서

모든 분께 감사를 드리며

뭔가 늘 열심히는 한 것 같은데 돌아보니 아무것도 해놓은 게 없네요. 헛헛한 기분에 그냥 두면 없어지고 말 것 들이기에 투박하게 책 하나 만들어놓고 육십 고개 넘기자고 시작한 건데 일이 점점 커졌습니다.

그저 부끄럽습니다.

스치는 말처럼 "사는 게 심심한데 장난 한 번 칩시다" 라며 용기주신 서양화가 임정열 선생님과 슬쩍 보시고는 "좋아요, 좋아요."를 연발하며 백방으로 도움주신 시인 서철수 선생님께 감사의 말씀을 드립니다.

아울러 졸작을 너무 잘 포장해서 그럴 듯하게 책으로 만들어주신 도서출판 문학공원 대표이며 시인 · 문학평론가이신 김순진 교수님께 무한한 존경을 드립니다.

또 사고치는 걸 뻔히 알고도 모른 척 눈감아준 아내 김명희 님에게도 깊은 사랑을 표합니다.

그동안 인연을 맺으며 함께 살아온 모든 분께 감사드립니다. 고맙습니다.

2016년 봄

한 상 섭 올림

서문

안빈낙도(安貧樂道)의 시

김순진(문학평론가 · 고려대 평생교육원 시창작과정 교수)

영월 동강문학회 서철수 회장님으로부터 전화를 받았다. 시집을 낼 사람을 소개하시겠다는 말씀이었다. 출판사로서는 내심 걱정이었다. 그런데 수준 떨어지는 작품이면 어떻게 하나 하는 생각은 보기 좋게 무너지고 말았다. 한상섭 시인의 시를 받고 깜짝 놀랐다. 이는 내가 고려대에서 강의하는 방법들을 모아놓은 시집과 다름이 없었기 때문이었다.

보통 사람들은 시를 음풍농월이나 감상으로 생각하기 쉽다. 그래서 처음 시를 쓰는 사람들은 그리움과 사랑타령 아니면 자연을 그리며 잠자리나 코스모스, 목련의 겉모습을 그려내는데 수준을 넘지 못한다. 그런데 한상섭 시인의 시는 체계적인 시 공부를 한 사람처럼 완성도가 높은 시였다. 매 시편마다 해학과 재치가 들어있었고 직접 발로 체험하여 쓴 시였으며 오래도록 성찰의 시간을 보낸 사람에게서 나타나는 도(道)가 느껴졌다.

그의 시를 한 마디로 말한다면 안빈낙도(安貧樂道)의 시라고 말할 수 있겠다. 안빈낙도 사상은 자연 속에 묻혀 군자의 미덕을 읊는 것으로 영월 지방에 많은 유래가 있는 양사언(楊士彦) 등이 지향한 시이다. 한상섭의 시는 양사언의 시에서 정신을 이어받되 방법론에서 현대시단의 모범을 도모해 기발하고도 다양하게 표현된다.

부유하지 않지만 편안함을 느끼고 그런 과정 속에서 도를 얻는다는 것은 평범한 사람이 할 수 있는 일이지만 비범하지 않으면 할 수 없는 일이기도 하다. 사람이 하고 싶은 일을 하며 사는 사람의 행복지수는 매우 높다고 한다. 그런데 한상섭 시인은 자신이 하고 싶은 일을 하며 행복하게 사는 분 같다. 그의 시는 사람 사는 냄새가 난다. 그의 이웃과 친구, 친지에게 사람 사는 냄새를 느끼게 해주는 이 시집을 적극 추천한다.

차 례

1부. 바람 부는 날의 想念

2부 몬테폴치아노의 추억

차 례

3부 바탐방은 새벽에 왈츠를 춘다

4부 우물안 개구리

5부 얼렁벌에 비가 오면

1부

바람 부는 날의 想念

고양이[1]를 그리다

노랑 고양이가
빨간 양철지붕 위를 살곰살곰 기다가
처마 끝에 사뿐히 내려앉더니
캣! 재채기 한번하고
쪼그리고 앉아 편안히 존다
봐도봐도 그놈 참 묘한 놈이다

요즘 좀 바빠서
내 코가 길게 늘어졌지만
눈뜬 김에 난숨에 확! 그려서
미장원 베랑빡에 콱! 박아놓았더니
볼 때마다 은근 기분이 좋아진다

---

1) 고양이의 크마에어 : 츠마, 영어 : 캣, 한자 : 猫(묘), 일어 : 내코

수표다방

청계천 다리 옆 수표다방엔
커피 잔에 한숨이 배어 있지요
새벽부터 사람들 찾아 들면서
꽁초 입에 물고 눈인사 하며
커피와 담배연기 섞어 마셔요

청계천 다리 옆 수표다방엔
음악 속에 눈물이 배어 있지요
지긋이 눈감고 음악을 듣지만
상 아래 다리는 풍신이 없고
두 귀는 전화통에 걸려 있지요

돈 벌러 간다고 나간 사람도
죽으러 간다며 나간 사람도
날 바뀌면 어김없이 다시 찾아와
꽁초 입에 물고 메모판 찾는
청계천 수표다방 백색 전화엔
실낱같은 기다림이 달려있지요

이웃집 여자

그 여자 죽는다고 난리를 친다
나름 잘 사는가 생각 했는데
빤지르한 놈에게 몸만 더럽히고
한 동안 코빼기도 안 비치더니
갑자기 죽는다고 난리를 친다

그 여자 죽지도 못할 것이다
멋모르며 깃까불며 돌아쳤지만
철없던 시절이라 맘 다독이며
틀림없이 툭 털고 일어 설 거다

그 여자 그렇게 살아갈 거다
한동안 얼굴보기 어렵겠지만
시간가고 모두들 잊을 때쯤엔
빳빳이 얼굴 들고 다른 놈 만나
아들 딸 잘 낳고 살아갈 거다

처방전

장 나빠 고생하는 우매한 백성이여
사나흘 시간 내어 보라카이 떠나라
댓 시간 비행이 조금은 지루해도
낭만바다 떠올리면 견딜 만은 하리라

도착하면 해변에서 망고 주스 사마셔라
뜨거운 태양아래 낭만바다 등에 지고
망고 갈고 얼음 넣고 시럽까지 얹으면
한 컵 가지고는 아쉬움이 남으리라

두 번째로 해변에서 마사지를 받아라
야자나무 그늘아래 이국정취 느끼면서
전신에 오일 발라 선탠까지 겸하면서
남국 여인 손맛 한번 제대로 느껴보라

반시간도 안 되어 배가 살살 아파오고
몸에 살살 오한이 찾아오게 되있으니
그래도 참으며 마사지 받고나면
다음은 자동으로 화장실로 직행한다

화장실 가는 길이 멀 면은 지랄난다
무조건 꾹 참아라 망신 떨면 안 되니까
까고 앉기 바쁘게 오토바이 탈 것이고
틀림없이 엄청나게 쏟아 내리라

밀어내고 추수리길 한 이틀은 할 것이다
아무것도 못 먹고 몸살까지 겸하리라
입 말라 이온수만 계속 찾게 되어있고
대낮에도 오한에 이불 쓰고 떨 것이다

그렇게 들락날락 더 나올게 없어지면
그제서야 시장기를 느낄 수 있게 된다
흰죽을 부탁해서 조금만 먹어도
이젠 살았구나 느낌이 확 올 것이다

며칠 새 비쩍 골아 귀로에 들게 되고
낭만이고 지랄이고 빨리 가고 싶다
집으로 오는 길에 라면이 생각나고
어느새 내 속이 편안함을 느낄지니

속이 늘 언짢으면 보라카이 떠나라
누구와 같이 가든 혼자는 가지마라
같이 가는 사람은 개고생 하겠지만
장 청소하는 데는 그저 그만이니라

바람 부는 날의 想念

오랜 습관도
어느 순간에 바뀔 수 있다
자신을 바꾼다는 게 쉽진 않지만
때론
삼류소설 책장 넘기기처럼 쉬울 수도 있다

수많은 날을 살았고
기억속의 지난날들은
좋고 또 나쁘기도 하지만
지금의 나의 모습이
내일의 나 인 것이고
어제는 사라지고 없는 것이다

안다는 것이
모른다는 것보다 우월 할 수도 없고
소중한 것도
시간이 흐르면 무의미해질 수도 있는 것

인생이란 게 크레용처럼
색칠한 대로 보이는 것도 아니고

산다는 게 유행가처럼
슬프기만 한 것도 아닐지니

오늘같이 바람 부는 날이면
바람 앞에 서서
나를 그냥 바람 속에 내던져본다

중선암에서

바위틈에 수줍던 물 철쭉 한포기가
변함없이 수줍게 피어 있네요
하얀 바위 너럭 위로
흐르던 맑은 물도
여전히 명랑하게 흘러가네요
예전의 초록숲도
예전의 연하늘도
변함없이 그 자리 그대로 인데
어느 하늘아래 곱게 살아갈
비소 예쁜 옥희 누님 그립습니다

별이 된 사람에게

웃고 계실까
울고 계실까
너무너무 쉬이 지워 가여운 이여

방황 하실까
머무르실까
너무너무 아쉬워서 행복한 이여

그 육신 순간에
다 태워버린
너무너무 안타까워 그리운 이여

온 하루 낯선 곳
떠다니다가
창가에 머무는 작은 별이여

외면하려 애쓰는
세상을 닮아
지우려 애쓰는 내 영혼이여

바탐방 소야곡(小夜曲)

혼자 사는 사람 집은 산중이 무덤이다
사막이다
동굴이다
바람의 언덕이다

산다는 게 별 것도 아닌데
때때로 일상이 바위처럼 무겁다

그런 날은 술을 마신다
밤과 대작하여 술에 취한다
술이 차면 술잔에 별들이 내려앉고
잔이 비면 그 자리에 쉰바람이 들어찬다

밤이 먼저 취한다
술 취한 녀석은 휘적휘적 떠나가고
혼자 남은 나는 쓰러져 잠이 든다

어제는 아름다웠다
아름다운 것은
어제 모두 끝나버렸다

한 봄밤 소나타

사람 없는 빈집에서
티브이 크게 틀어놓고
대충 끓인 찌개 놓고
소주 마구 퍼마신다

생각하면 사는 게 별것도 아닌데
맥없이 외롭고 이유 없이 슬프다
가고 싶은 곳이 없어 더욱 슬프고
보고 싶은 이가 없어 더욱 외롭다

가슴으로 맞는 봄밤
티브이 혼자 분주하고
잔은 자꾸 채워지고
병은 자꾸 비워진다

詩人

밤이면 밤마다 시를 쓰지만
밤을 다 태우며 시를 쓰지만
밤새워 쓴 시는 날이 밝으면
유치해 구겨서 던져버리고
낮에는 그나마 유치한 시도
단 한 줄 쓰지를 못 한답니다

그 바위

어린 시절 멱 감을 때 옷을 벗던 그 바위
발가벗고 타고 앉아 눈싸하던 그 바위
배 서방네 참외 따다 물 위에 띄워놓고
달처럼 웃으면서 꿈을 먹던 그 바위

흰 구름 바라보며 그 애와 마주앉아
내일을 얘기하며 행복했던 그 바위
웃으며 떠나보낸 그 애를 잊으려고
이슬 맞으면서 밤을 지샌 그 바위

세월 따라 비척비척 고향을 떠나던 날
차창으로 멀어지던 슬프도록 하얀 바위
서러운 타향살이 웅크리고 잠든 밤에
꿈에서도 그리운 따스했던 그 바위

꽃다방

명동이고
극장 앞인데
아직도 언저리를 헤매고 있다면

누가 먼저인지 모르지만
구석에 자리하고 꼿꼿이 앉아
서로 입구만 바라보고 있다면

같은 건물 옆 통로
별 다방에 앉아서
시계만 자꾸 쳐다보고 있다면

그럴 리야 없지만
바람맞은 거라면

담배연기 자욱한 꽃다방 구석에서
한 사람은 초조하게 엽차 잔을 비운다

핏빛 문양을 문신으로 박아놓고

사랑아
너는 파란하늘 붕붕 날으다
내 가슴에 내려앉은 무당벌레란다
까만 점 앙증맞게 총총히 박힌
동그랗고 빠알간 고 작은 등에
큰 날개 고이접어 속으로 감추고
내 심장의 울림을 재밌어하는
너무도 철이 없는 무당벌레란다

사랑아
너는 높은 하늘 붕붕 날으다
잠시 쉬어가는 무당벌레란다
제 몸의 선명한 핏빛 문양을
문신처럼 내 심장에 박아놓고는
언젠간 저 멀리 날아 가버릴
지금은 철몰라 잠시 머무는
두 날개가 건강한 무당벌레란다

근황

밤은 깊고
빗소리 선연해
빗소리에 묻혀
세상이 적막한데
또까이 울음소리만 간절합니다

이 밤에 나는
알몸으로 붉은 대지에 누워
온몸으로 비를 받습니다

몸뚱이는 자꾸 땅으로 스며들고
정신만 차갑게 떠오르는데
다시는
내일이 올 것 같지 않아서
내 가슴엔
천둥이 울고 번개가 칩니다

잘 계시는지요

일장 일막

쥐틀을 놓아
쥐를 잡아
밤 기다려 운동장에 들고나가
석유 끼얹고 불붙이면
순식간에
무대는 막이 오르고
한 송이 불꽃이 춤을 추다가
무대 가운데서 춤을 멈추고
고요 속에
불꽃이 서서히 사그라지고
검은 막이 소리 없이 내려쳐지고
일장 일막이 모두 끝난다

十月 戰爭

나로 인해 넌
뿌리가 뽑혀서
모진 朔風 그 아픔을 모르겠지만
너로 인해 난
가지가 꺾여서
살 에이는 겨울밤에 몸부림친다

그러나 겨울 지나 새봄이 와도
넌 아무것도 알 수 없지만
이 겨울 다지나 3월이 오면
상처 자국이야 지워질리 없지만
시월 그 자리에 새 움이 트고
시월 그 자리에 꽃도 피리라

그리운 친구여

친구야
네가 몹시 그리운 밤엔
창가에 턱 고이고 별을 헨단다
노루처럼 뛰어놀며 꿈꾸던 어린 시절
친구야
그 시절이 그리웁구나
아지랑이 아른대는 내 고향 언덕길을
손 흔들며 떠나간 사랑하는 내 친구야
이 밤 너도 턱 고이고 별을 보면서
꿈꾸던 지난시절 추억하겠지

고생 많다

고생이 많다
검증 안 된 물마시며 언제나 더부룩한 내 배가 고생 많다

고생이 많다
대충 만든 거친 음식 매일같이 받아들이는 내 입이 고생 많다

고생이 많다
아직도 젊어 밤마나 꿈들 대는데 빗장 걸어 잠그고 내팽겨 쳐둔 내 아랫도리 고생 많다

고생이 많다
든 것도 못 다 쓰고 죽을 나이에 생뚱맞게 남의 나랏말 구겨 넣어야 하는 내 머리가 고생 많다

고생이 많다
365일 폭염밭을 대책 없이 나다녀 회복 불능기에 접어든 시커먼 내 피부가 고생 많다

고생이 많다
해질녘 빈집에 들 때마다 헉! 하고 온몸에 소름이 돋는 외로운 내 영혼이 고생 많다

고생이 많다
내 좋아서 하는 짓이니 하소연도 못하고 기쁜냥 살아가는 내 정신이 정말 고생 많다

고생이 많다
어찌됐든 한상섭이 이래저래 생 고생한다

독백

이젠 내 가슴에 조약돌 던져
스스로 큰 파문 만들어놓고
그 출렁거림에
끝도 없이 흔들리지 않으렵니다

긴 여름 보랏빛 꿈만 꾸다가
시절이 다 간다는 초조로움에
다급히 의미 없는 꽃 피고 마는
파초의 꿈에서 깨려합니다

조용하고 싶습니다
맘 편하고 싶습니다
누구 때문에 할일 못하고
누구 때문에 아파하는 건
이젠 정말 싫습니다
죽어도 싫습니다

가난해져도
외로워져도
내 하고픈 일 다 하고 나면

먼 훗날 초라한 모습만 남는다 해도
결코 후회하지 않겠습니다

어르고 달래기

운다
운다 운다 운다
거 봐 울지
울잖아
우…네
은근히 서러워져 정말로 눈물난다

잘하네
저 봐 저 봐 저 봐
진짜 잘 한다
천재네 천재다 천재!
점점 더 신이 나서 정말로 잘한다

해탈지견(解脫知見)

초등학교 육학년 수학여행 길
잠 덜 깬 채 경주역에 내려섰는데
엄청나게 넓은 광장 어둔 하늘에
커다란 보름달이 세 개나 떠있었다

우리 동네 하늘하고 다른 건가

오늘밤 술에 취해 담배한대 입에 물고
비틀대며 집에 들다 올려다본 밤하늘에
달 같은 가로등이 셀 수 없이 떠있다
그날의 놀람이 생생하게 떠오른다

행예

옛날옛날 아주 작은 마을에
맘 착한 행예가 살았습니다
언제나 빈 깡통 허리에 차고
동네 굳은 일은 모두 했지요

태산 같은 짐을 짊어지고도
언덕길 올라도 쉴 줄 모르고
장사라고 세우면 씨익 웃으며
깡통소리 딸랑대며 내달렸지요

그가 오면 마을의 아낙네들은
빈 깡통에 밥을 가득 담아주고
막걸리 한 사발 건네 주면은
코가 땅에 닿게 인사 했지요

서른인지 마흔인지 나이 몰라도
아이들 그냥 행예라고 불렀고
행예 바보 행예 똥개 놀려 대면은
눈 치뜨다 웃고는 지나갔지요

잔칫집 과방 앞에 그가 있었고
초상집 상여 뒤를 그가 따랐고
해질녘 마을 어귀 그가 지켰고
초파일 연등 행렬 그가 앞섰고

어느 해 가뭄 깊어 동제사 지내던 날
오간다 말없이 마을에서 사라져
어쩌다 그 소식 들릴 법도 하련만
풍문에도 그 소식 들을 길 없네요

바보가 되었구나

엊그제 한 일이
생각나지 않는다
깊게 생각하고 정한 일 일진데
하얗게 머릿속이 지워져 있다

화가 난다
머리가 아프다
숨 쉬기가 나쁘고
다리가 풀린다

놓을 때가 되었나 보다
벌리지 말고
마무리 짓고
생각 없이 그냥 살아야 겠다

2부
몬테폴치아노의 추억

몬테폴치아노의 추억

해가 진다
붉은 해가 올리브 숲 저편으로 떨어진다
엷은 어둠 속에 천 년의 고성은 더 의연하다
희뿌연 하늘에는 듬성듬성 별이 들어선다
숲은 고요하다

어둠이 든다
긴 여행길에 지친 사람들이 자리를 한다
낯선 집 낯선 주방에서 즐거워하며 차린다
스테이크와 샐러드 한 접시에 식탁이 화려하다
와인 잔을 부딪친다

꽃이 핀다
속정 묻어나는 이야기꽃이 식탁 위에 만개한다
발그레한 얼굴로 서로의 눈 마주본다
행복하고 행복하고 또 행복함을 감사하다
밤이 농익고 있다

가을이 깊다
서강 언덕에 앉아 붉게 물든 노을을 본다

좋았던 날들의 기억을 아껴가며 막 끄집어낸다
몬테폴치아노의 추억은 아름답다
미소가 번진다

보라카이

갯내음 나지 않는 바다가 있다
하늘 땅 오르내리고 바닷길 지나
새벽길 나서서 노을 질 때까지
지침 앞선 설렘으로 보라카이 간다

파도가 살지 않는 바다를 본다
비취빛 해변으로 떨어지는 불덩이
낭만이 넘실대는 환상의 섬에는
가슴속에 구름처럼 낭만이 핀다

젊음이 충만한 해변이 있다
뜨거운 태양 아래 원초의 몸짓들
내일을 망각한 열정의 공간에서
모두는 자유롭게 오늘을 불태운다

사랑이 농익는 해변 숲이 있다
깊고 푸른 밤 검은 하늘 가득히
별꽃이 눈 시리게 쏟아 내리면
그들은 거침없이 사랑을 한다

인도차이나반도의 일몰

하늘에서
큰 불덩이 하나가 내려오며
점점 커져서
온통 서편을 주황으로 물들이며
낮고 깊은 곳까지 다 물들이고는
천천히
아주 천천히
땅 끝 저편으로 뚝 떨어진다

빈 하늘엔
고요 속에 주황의 여운만 남고
실루엣처럼
한 무리 새떼가 유영을 한다
아! 이젠
아름답게 지는 법을 배워야겠다

쏘렌토발 완행열차

덜컹 칙폭칙폭 기차가 간다
넉넉한 사람들 오손도손 모여 앉아
두런두런 정 나누며 나폴리 간다

검은 숲 푸른 바다 돌고 돌면서
구름 걸린 산모랭이 빙빙 감싸며
바람 받고 빛 받으며 풍경이 간다

간이역 마다 쉬어서 가고
막간에 악사는 손풍금 버스킹
차창밖엔 느릿느릿 그림이 간다

동화책속 빨간 지붕 마을 지나고
영화 속에 햇살 드는 숲속을 지나
구름위로 하늘위로 세월이 간다

베네치아

신들이 빚어놓은 물 위의 도시에
신들은 모두 다 떠나가 버리고
사람들 하나 둘씩 빈 도시를 채우며
하염없이 속절없이 신을 노래한다

겹겹넌 세월 지나 빛바래고 무너져도
사람들 이 도시를 차마 놓지 못하면서
망연히 소리 높여 노래만 부르노니
신이여 돌아오라 이곳으로 다시오라

씨엠립 간다

나는 이 길이 참으로 좋다
지금 나는 이 멋진 길에 안락하게 앉아
추억을 곱씹으며 씨엠립에 간다

1년 전
빨간 흙먼지 속을 온종일 달려서야
앙코르와트를 겨우 만날 수 있었다
흙먼지 속 희미한 벌판 저 끝
야자 숲 그 속엔 무엇이 있을까
신비로운 세상을 상상했었나

씨엠립은 천국이다
유럽풍 호텔의 멋진 노천풀장
Rad piano와 Night Market
젊음과 낭만이 넘실거렸고
자유와 풍요가 넘쳐흘렀다
치즈가 녹아나는 부드러운 빵
상점마다 그득한 신선한 우유
내 몸이 원하는 도시의 내음

나는 지금 씨엠립 간다
선명한 저 숲 너머 무엇이 있을까
아직도 변함없이 궁금해 하며
나른해진 몸을 의자깊이 묻고서
흔들렸던 긴 시간을 추억하면서…

뽀이뻿 증명서

눈으로 보지 않고는 도무지
믿을 수 없는 세상도 있다

엉터리 같은 길로
엉터리 없이 흘러갔고
뽀얀 흙먼지 속에 흐릿한
엉터리 같은 누더기 마을
정말 엉터리 없는 마을 끝자락에
엉성하게 줄 하나 걸쳐놓고
슬리퍼 끄는 군인이 지켜선 문을
사람들에 떠밀려 생각 없이 들어 선 곳에
엉터리 같이 다른 세상이 있다

아름다운 열대 정원과
백색 대리석이 눈부신 건물들과
다른 피부색 사람들과
강렬한 전자음과
본능으로 느껴지는 돈 냄새와
코를 자극하는 음식 냄새와
틀림없이 캄보디아 땅인데

바트와 달러만 쓰여지고
영어 타이어와 중국어가 뒤섞여 왕왕 거리는
이곳은 태국의 뽀이뺏이다

똔레삽 · 1

태초의 태양은
이곳에서 나고
이곳에서 자라서
이곳을 지배하며
뜨거운 입김으로
처음에 산을 세우고
산이 잠기는 호수를 만들고
섬세한 손길로
물고기와 새들을 빚어
대자연 속에서 자유롭게 하였으며
드넓은 가슴으로 하늘을 품고
인간으로 하여금
모두를 경영케 하여
삼라와 만상이 두루 평안케 하였으리라

똔레삽 · 2

그 깊이를 알 수 없고
그 넓이를 잴 수 없는
검고 짙푸른 야생 속에
남국 여인의 은밀한 속살 같은
황금빛 바다가
고요하게 숨을 내쉰다

분방한 자유로움과
타는 듯한 뜨거움과
거역할 수 없는 두려움과
무한함과 무궁함과…

생명 탄생의 근원이
쉼 없이 새 생명을 생산하고 있음을
누구도 감히 부정하지 못하리라

씨하눅 빌

- 게스트 하우스 말리부에서

그렇게 무겁고
유연한 바다도
밤마다 외로움에
울부짖는다

갯가에 머무는
初老의 이방인도
바다 같은 외로움에
잠 못 이룬다

씨하눅빌 이야기

사는 게 무겁고 무료해지면
이층버스 몸을 얹어 씨하눅 간다

바다 닿은 곳에 방 하나 내어
시간 닫아놓고 바다만 본다

알 수 없는 물음을 끝없이 던지고
속절없는 답변을 끝없이 받으며

낮이고 밤이고 하 보내다가
어느 날 바다 빛이 명랑해지면
작별의 인사 없이 차에 오른다

프놈펜 가는길 · 1

내 행위의 단초는 외로움이다
외로운 사람은 생각이 없다
외로워서 그냥 버스를 타고
버스는 표정 없이 프놈펜 간다

여섯 시간이
때론 노인의 시간처럼 지리하고
때론 아이들 시간처럼 흥미롭다

흔들림이 익숙해지고
엉덩이가 아픈걸 보면
깜뽓은 벌써 지나갔고
깜뽕츠낭은 아직 남았으리라

간이 휴게소에 버스가 서면
망고 팔이 까만 소녀에게
잘 손질된 그린망고 한 알 사서
맛때 찍어 한 쪽씩 먹어야겠다

무엇을 할까
어디로 갈까
다음은
다음에 생각해도 늦지가 않다
남은 길이 외롭지는 않을 듯하다

프놈펜 가는 길 · 1

나는 지금 낡은 차 타고 가며
노트 펼쳐놓고 꼿꼿이 앉아
낯선 이국풍경 눈에 새기며
하 깊은 상념에 잠겨 있는데
어떤 것 하나도 보이지 않고
어떤 것 하나도 담기지 않고
머릿속은 점점 미묘해지고
노트엔 한자도 적지 못한다
그렇게 멀고먼 길을 가면서

몬돌끼리

새날을 열기 위해 몬돌끼리는
첫새벽 골바람만 무척 바쁘다
골골이 묵은 때를 씻어 내리고
잠자는 생명들을 모두 깨우고
어두움 다 걷어낸 텅 빈 공간을
새 공기 새 빛으로 가득 채운다

날이 밝으면
바람은 너무 지쳐 곤히 잠들고
예쁜 옷 갈아입은 몬돌끼리는
새 손님 맞으려고 문 활짝 연다

몬돌끼리 가는 길에

소나무 숲을 만났습니다
마치 꿈을 꾸듯이
소식 듣고 마중 나온 옛 친구처럼
오랫동안 어귀에서 기다렸답니다

멀고 험해서 망설이다 나선 길
오면서도 내내 후회 했는데
소나무 숲을 만났습니다
이렇게 나서길 참 잘했습니다

깹

나는 아무것도 볼 수 없었다
비취빛 출렁이는 아침 바다도
등지고 돌아앉은 토끼섬 뒤태도
그러나 나는 깹에 있었다

나는 아무것도 들을 수 없었다
새벽잠 깨우는 굵은 빗소리도
바람에 출렁이는 갈대숲 노래도
그러나 나는 깹에 있었다

나는 아무것도 느낄 수 없었다
밤하늘에 떨어지는 별똥별의 유희도
바다로 스며드는 저녁 해의 잔영도
그러나 나는 깹에 있었다

나는 아무것도 말할 수 없었다
두렌 파는 여인의 분방한 몸짓에도
모또 하는 청년의 절절한 손짓에도
그러나 나는 깹에 있었다.

나타나끼리

비가 내린다
깊이를 알 수 없는 密林을 따라
한나절 남짓에야 遭遇한 산속 마을에
그때도 주룩 주룩 비가 내렸고
신기루(蜃氣樓)처럼 그렇게 마주 했던
산마을에서의 마지막 밤에 또 비가 내린다

생각해보면 아련한 내 幼年時節의
追憶과 하늘과 물빛과
내 기억 속에 각인된 냄새와
꾸었던 수많은 꿈들을
온전히 되돌려 놓았던
가슴 벅찬 時間의 끝자락에서
어쩌면 다시는 만날 수 없기에 더 절절한 이 밤에
無聲映畵처럼 비가 내린다

바쁜 사람들
- 어달리 숙소에서

동짓달 긴긴밤이 절로 영글어간다
밤이 깊을수록 묵호는 출렁거린다
삶이란 게
여인숙을 찾아드는
지친 나그네의 발걸음 인가
날 새면 또 어디론가 떠나야 하는 것 아닌가

어제가 다가도 묵호는 잠들지 않는다
사람들은 뭐가 저리도 바쁜 것인가
아무것도 얻지 못한 지금의 내가
조금씩 조금씩 작아지려 한다

난 무엇이며 무엇을 찾으려 하나
오늘 내딛은 내 발자국들은
어디로 가기위한 처음 이었나
내가 나를 줘도 아무도 모른다
내가 나를 줘도 아무도 모른다

3부
바탐방은 새벽에 왈츠를 춘다

달빛 좋은 밤

셋째가 많이 늦는다
이런 적이 거의 없는데…
잠도 안 오고 바람도 좋으니
종점에서 녀석 만나
쐬주 한 잔 해야겠다

달이 참 밝다
옛날이 생각난다
어린 시절 우린 참 명랑했었지
할머니가 깔아놓은 솜이불 위에서
밤마다 삼형제가 씨름을 했었지

막차가 온다
버스가 멈추고 문이 열린다
사람들이 우루루 쏟아져 내린다
사람들이 풀썩 흩어진다

셋째는 안 뵌다
어디 어울려 한 잔 하는 건가
가끔 그런 날도 있어야지!

무슨 일이야 있을라고

그림자 앞세우고 돌아오는 골목길에
오늘 따라 유난히 달빛이 좋다

춘몽(春夢) · 1

- 입대 전에

아직은 겨울인 것 같아요
하늘에 별빛이 하얗게 뵈니까요
마음이 추워서 그렇다구요?
하긴 우수도 지났으니

모두가 새봄을 기다리네요
저도 봄을 기다립니다
햇살
흙내음
전 이른 봄이 제일 좋아요
버들가지 피어나는 그 무렵이요
하지만 올핸 느낄 수가 없지요
아주 멀리 떠나야 하니까요

따사로운 오후
충혼탑 잔디밭에 누워 하늘을 보다가
잠이 들었나봐요

꿈을 꾸었지요
사방이 깜깜하고

촛불은 꺼지려 해요
무서워서
표현할 수 없는 두려움을 느껴서
온몸에 힘이 빠지고
목젖까지 말라붙어 버둥대다가
잠이 깨었지요

눈 녹은 골짜기 물을
마셔 보셨나요?
그 한 모금 보다 달콤한 것이
세상에 또 있을까요?
갑자기 힘이 솟고 정신이 나지요
하지만 올핸 틀렸답니다
아주 멀리 떠나야 하니까요

춘몽(春夢) · 2

바람이 분다
없어서 평온한 칼산 동네에
남풍이 분다

검은 비닐이 바람에 날린다
하늘로 빙빙 솔개처럼 떠돈다

움이 돋는다
산비탈 은사시 가지에
바람이 휘 감으며 새 움을 티운다

하늘이 어두워진다
비가 온다
빗방울이 굵어진다
천지가 깜깜해진다
장대비가 쏟아진다

바다가 뒨다
거센 파도가 일렁거린다
등대가 운다

타락해 부서지는 바다가 운다
노도(怒濤)에 찢겨지며 암벽이 운다
뱃전을 할퀴며 해신(海神)이 운다
타륜(舵輪) 잡은 뱃사람이 눈을 감는다

산마루에서 여인이 춤춘다
흰 속살 펄럭이며 춤을 춘다
긴 머리가 바람에 날린다
웃음소리가 남풍에 실린다

안개 바다

내가 걷고 있는 땅은
네모난 땅
고개 들어 한치 앞은
안개 바다
빨강고기 파랑고기 노랑고기
안개 속에 두 눈이 너무 무섭다

내가 찾고 있는 곳은
편안한 곳
가도 가도 끝이 없는
안개 바다
빨강고기 파랑고기 노랑고기
안개 속에 가는 길 너무 험하다

내가 길을 잃은 곳은
캄캄한 곳
사방을 둘러 봐도
안개 바다
빨강고기 파랑고기 노랑고기
안개 속에 혼자는 너무 외롭다

漢江

삶과 주검이 휙휙 감고 넘나들던
그때 끊겨졌던 그 다릿발 사이로
핏빛 江물이 휘감아친다

한 포기 풀 한 줌 흙도 그 피가 배어
푸르름 삼키어 핏빛으로 토하는 강
이제 그 江邊에 썩지 못할 뼈를 이어
완성된 어제위에 오늘을 또 쌓는다

목마른 자 찾아와 배고픈 자 찾아와
痛哭하며 가슴치며 미친 듯이 퍼올린 물
황량한 大地위에 백만 년을 뿌린다
피를 찾는 무리들이 줄을 잇는다

비 · 1

엄니
비설거지 야물게 허길 잘 했지유
쬠일 따루구도 잔뜩 품고 있시유

자-알 오신다!
해나면 고사리 쑥쑥 올라 오것제?

엄니
오늘은 핵교 보내지 말걸 그랬나봐유
고뿔도 잔뜩 들어 콜록 거리던디

뭐-언 소리여!
애비도 그 나이 때 다 댕긴 길인디

엄니
이쟌 그만 좀 그쳤음 좋것시유
물 불면 제잣길 끊어 질틴디

야-가 왜 이려!
고춧모 낼라믄 한나절은 더 와야제

비 · 2

비는 내리고
나는 마시고
알 수 없는 설움은
술잔 가득 넘치고

비는 내리고
나는 취하고
비는 끝도 없이
주룩주룩 내리고

비는 내리고
나는 취했고
젊은 나는 내 마음
어쩌지도 못하고

진달래꽃

아가야 꽃 줄게 가까이 오련
아가야 꽃 줄게 이리로 오련
아가야 아저씨는 좋은 아저씨
아가야 나는 네가 너무 예쁘다

2014 한국의 봄

북녘에서 잘 만든 하늘색 무인기에
성능 좋은 진공청소기 매달아 띄워
미세먼지 몽땅 빨아들인 하늘가득
벚꽃잎이 흐드러지게 날렸으면 좋겠다

배 좀 만든다고 자랑하는 집에서
옆집 고물배 사다 뺑끼칠만 해갖고
꽃 같은 아이들 한 가득 태워서
춥고 어둔 바닷속에 몽땅 집어넣었다

사람을 세우면 난도질해 밀어내고
또다시 세우면 또다시 밀어내고
사람을 뽑는 건지 성자를 뽑는 건지
개(犬)도 웃을 일이 태연하게 일어난다

올봄은 지랄맞게 갑지기 더워져서
단박에 꽃 다 피고
단박에 꽃 다 지고
마음은 심란하고 비 소식은 감감하다

4월 전쟁

전쟁은 이미 시작되었다
자! 이제부터 전면전이다
예하 부대에게 엄중히 명하노니
임무에 만전을 기해야 할 것이다

개나리 부대가 선발에 서라
뭉쳐야 산다 흩어지지 말아라
유채꽃 부대 제주에 상륙하여
신속하게 적진을 평정 하여라

목련 부대 심리전을 맡아라
멀리에서 보면은 없는 듯 은폐하고
가까이선 가장 화사하게 나타내고
임무를 끝내면 일순 몸을 감춰라

민들레 할미꽃 패랭이 부대도
아낌없이 온 힘을 보태야 하고
복사꽃 부대는 요처에 매복하고
살구꽃 부대는 민심을 탐지하라

히어리 부대는 지리산에 침투하고
진달래 부대가 척후를 맡아라
노출을 피해서 조용히 잠복하여
순식간에 고지를 점령하여라

얼레지 부대 태백산에 진주하라
벚꽃 부대도 명령을 기다려라
승패는 오직 너희 손에 달려있다
아낌없이 화력을 쏟아부어라

민초들도 모두 일어서지 않는 가
이미 대세는 우리 쪽에 기울었다
거침없이 앞으로 총공격하라
나는 너희들을 무한 신뢰한다

유월 어느 날에

철길건너 보건지소 넓은 마당가
장미넝쿨 타고 앉은 하트형 철사
지난 성탄 무렵 누군가 지나다
인조장미 한 송이 매달아 놓았다
메마른 가지에 빨간장미 한 송이
겨우 내내 눈 맞고 바람 맞으며
바랜 채 매달려 바람에 흔들리다

햇살이 따사로운 어느 봄날에
마른장미 넝쿨에 새 생기 돌고
잎 트고 잎새들 쑥쑥 자라더니
푸른 잎새 사이로 꽃눈 틔우고
빨간 장미 꽃 들이 앞 다퉈 피어
커다란 꽃다발이 일렁이는데
유월 어느 맑은 날 나비 한 쌍이
꽃다발 사이에서 사랑을 한다

여우고개 절개지 너른 공터에
쓰레기만 가득히 쌓여 있더니
지난봄 누가 무슨 짓을 한건지

쓰레기 더미위에 파란싹 돋고
그 싹들 눈에 띄게 잘 자라나
햇살 눈부신 유월 어느 좋은날
요술처럼 양귀비 화원 되었고
석양빛이 넉넉한 어느 해질녘
다정한 연인이 손잡고 찾아와
양귀비 꽃밭에서 사랑을 한다

初夏

녀석이
구름을 잡는다고 혼을 빼더니
그 미운 놈이
어느새 꽃 한 송이 똑 따들고
슬금슬금 엄마의 눈치를 본다

맑은 하늘
아카시아 숲 사이로 제비가 날고
한낮의 태양이 대지를 덥히면
초록은
눈부시게 출렁거린다

유월인가!
사슴처럼 달려오는 아이의 눈 속에서
버찌가 까맣게 영글어간다

계곡의 밤

여기저기에
산삼이라도 널려 있을 것만 같은
깊은 계곡에
밤이 소리 없이 찾아온다

장날 우시장 대폿집처럼
분주했던 한낮이 지나고
차분하게 밀려드는 밤안개가
뜨거웠던 낮의 열기를 차분히 식힌다

나직이 흐르는 계곡물 소리는
태양의 뜨거운 열정도
매미의 게으른 노래도
어머니의 손길처럼 다 잠재운다

달빛이 계곡에 내려앉는나
밤바람이 계곡을 휘어 감는다
날 때부터 걱정 많은 한 인간이
하늘을 보고는 호야를 끈다.

가을여행

이 가을엔
살기위해 자신을 버려야만 하는
자연과 그 아픔을 함께하게 하소서

이 가을엔
내던지듯 나를 내려놓아서
肉身이 새털처럼 가벼웁게 하소서

이 가을엔
마음이 바람처럼 보이지도 잡히지도 않아
끝도 없이 내 靈魂이 자유롭게 하소서

이 가을엔
떨어지는 한 잎새에 가슴이 아려
눈시울 저절로 뜨겁게 하소서

이 가을엔
허허로운 인생길을 無心히 걸어가며
내가 나를 진정으로 돌아보게 하소서

이 가을엔
또 다른 因緣이 내게로 올지라도
갈바람처럼 스쳐가게 하소서

겨울비

겨울비가 옵니다
진종일 내립니다
산과 들에 쌓인 눈
다 녹습니다

고운 눈 녹아서
서운한 맘 들지만
나무들 잠 깨날까
한 걱정입니다

동장군 안 떠나고
심통을 부리면은
잠 깬나무 추워서
얼마나 아플까요

어느 겨울날

누가
찔레 열매를
먹을 수 있는 거냐 물었더라
눈밭에 농익은 빨간 열매가
시리도록 선명하게 눈에 닿는다

녀석은 숲으로 헐덕대며 들어갔고
아무리 소리쳐 불러도
아예 못 들은 척 쏘아 다닌다

"혼나야 해"
"한번 또 맞아야 해"
중얼대며 올려다본 물무리골 하늘에
희끗희끗 또 눈발이 삐친다

눈 오시는 날

이렇게 팍팍하고 날까지 추우면
사람들은 그냥 체념을 하고
더 이상 꿈꾸려 하지 않는다

그러면 사람들은 해를 바꾸어
스스로 한번 돌아보게 하고
다시 꿈꾸게 하고
보내고 맞는 의식을 치루며
생각하게 하여
삶에 생기를 주었스리라

돌아보면 또 헛살았다
비움을 입으로 말하며
부질없는 욕심줄을 놓지 못했고
사랑을 머리로 꿈꾸며
미워하는 것들을 많이도 만들었다

해가 바뀐다
대단해지려고 하지 말자
넉넉해지려고 하지 말자

어줍잖게 누구에게 베풀려 말고
나로 인해 누구도 아프게 말자

건강하자
많이 웃고 크게 말하고
작은 것에 감동하고 즐거워하자

눈이 오신다
팍팍한 사람들의 마음을 헤아리듯
넉넉하게도 골고루 내려주신다

Good bye winter

밤새 추적이는 낙숫물 소리에
설친 잠 털어내려 무거운 몸 곧 세워
커튼 젖히고 창을 열다가
나도 모르게 탄성을 흘린다

일찍 잠에서 깬 봉우리마다
머리 가득히 눈꽃을 이고
안개 걷어 뭉쳐서 하늘로 올린다
세상이 밤새 바뀌어 버렸다

겨울 지킨 소나무 긴장 늦추고
산 · 들 · 내 바쁘게 연초록 물들고
담장 개나리도 홀로선 목련도
다투어 꽃망울을 터트렸는데

생각지도 못했던 한아름 선물이다
갑자기 기분이 막 좋아진다
눈 꽃 선물을 이렇게 받는구나
눈부시게 아름답고 아쉬운 선물이다

잘 가라! 뒷모습이 멋진 겨울아
너는 어차피 가야하지 않느냐
오라! 성큼오라 망설이는 봄이여
너는 어차피 오려하지 않았느냐.

바탐방은 새벽에 왈츠를 춘다

다섯 시 반이면 눈이 떠진다
벌써 집 앞 골목길은 발자국 소리들로 분주하지만
날은 아직 밝지 않았다
몸을 일으키기는 언제나 힘들지만
산책의 상쾌함이 나를 일으킨다
스치는 사람이 좋고 느껴지는 공기가 좋다

담장 없는 마당에서 비질하는 어머니
자전거로 재잘대며 등교하는 아이들
손바닥만한 좌판에 야채 펴는 아줌마
잎담배 물고서 서성대는 아저씨
버버 냄새 구수한 허름한 노천식당
노저어 강 건너는 처녀 뱃사공
투망을 던지는 벌거숭이 어부들
쓸데없이 떼쓰는 코찔찌리 꼬맹이
한 바가지 물로 고양이 세수하는 총각
암탉 꽁무니만 좇아 다니는 늙은 수탉
눈으로만 제법 친해진 할아버지
제 집 앞서 앙칼지게 짖어대는 똥개
불쑥 나타나 '헬로!'하며 도망치는 아이들

시장통 입구에서 짐을 싣는 모또꾼
나무집 창가에 앉아 화장하는 스라이
무표정한 얼굴로 강물 보는 할머니
윗옷 벗어 흔드는 실성한 청년
스피커 소리 요란한 사찰의 독경

모두에게 인사하며 골목 끝에 닿으면
어느새 햇살이 뜨거워지고
바탐방[2] 하루가 활짝 열린다

2) 바탐방 : 캄보디아의 지명

풍경 · 1

어설픈 어부가 삼거리 길 모퉁이에
동해바다 한 움큼을 옮겨다 놓고
해는 서산으로 떨어지려 하는데
진종일 바다만 바라다봅니다

사람들은 바쁘게 어부 앞을 오가고
오징어는 숨이 가빠 헐떡이는데
맘 바쁜 어부의 불안한 발끝에는
꽁초만 수북이 쌓여 집니다

풍경 · 2

시골버스 대합실 낡은 의자에
남루한 한 사내가 앉아있습니다
손끝에서 생담배가 타 들어가도
사내는 멍하니 움직임이 없습니다

썰렁한 대합실 한쪽 귀퉁이에
아이 업은 한 아낙이 서성댑니다
아이는 고개 꺾고 곤한 잠을 자는데
아낙은 습관처럼 아이를 어릅니다

사내와
아낙과
아이의 얼굴이
붕어빵처럼 닮았습니다.

겨울밤에

숲을 그리고
숲을 그리고
숲을 그리고
나를 그리고

눈이 내리고

나를 지우고
나를 지우고
나를 지우고
숲을 지우고

겨울 그리고 기차여행

기찻길 옆 외딴집
야트막한 굴뚝에서
저녁연기 뭉실뭉실 피어오르면

삽작가 외등이 꽃처럼 피어나고

심심하던 누렁이
어슬렁거리다가 기차를 보고
폼 나게 짖어댑니다

진눈깨비 내리는 날

어쩔까!
내 맘도 날씨처럼 무겁고
하늘은 급하게 어두워지고
나는 딱히 할일도 없다

벽을 타는 티브이 저 혼자 잘 놀고
시간은 마냥 게으름만 피운다
장날인데 날이 나빠 장은 잘 서는 걸까
구세군에 종소리는 이런 날도 울릴까
대통령 후보들 유세하기 힘들겠다
이런 날은 사람들도 길거리에 없는데…
자동차는 눈탕 위를 흉물처럼 스쳐가고
사람들은 물탕 속을 괴물처럼 지나가고
길은 이미 분간이 힘들고
예보는 오늘 내내 이 모양이란다

뭘 할까
무심히 전화기를 열어본다
누구에게 메시지나 보내줄까
여기는 진눈개비 엄청 내린다고

건강 하라고
좋은 하루 되라고
딱히 보내고픈 사람이 없다

뭘 할까
컴퓨터 열어 여기저기 기웃댄다
여기도 심심하고 저기도 흥미없다
우두커니 턱 받치고 창밖을 내다보니
눈인지 비인지는 더 많이 쏟아진다
다행히도 그치면 기온은 오른단다
추워지면 온통 얼음판이 될텐데
그러면 정말 큰일 날텐데

여전히 티브이는 혼자 지껄인다
얼핏 들으니 박빙이란다
선거판과 날씨가 너무도 닮았구니
이렇게 오늘도 하루가 지나간다

4부
우물 안 개구리

라라라

돈 벌려고 말라
이기려 하지 말라
간섭하지 말라
가지려 말라
안되면 하지 말라
느낌대로 살라
느리게 게으르게
고민하지 말라
죽음과 친하라
배부르게 먹지 말고 취하게 마시지 마라
자랑 많이 하라
몸을 괴롭혀라
사람 가려서 만나라
자식은 화초다 덕 보려 하지 마라
잘 자라
잘 먹어라
잘 잊어라
잘 놀아라
잘 떠나라

잘 웃어라
잘 버려라
잘 퍼줘라
필요한 만큼만 취하라
귀한 것을 만들지 말라

코스모스

온여름내 볼상스레 멀쑥하던 쑥대머리
장맛비에 등걸처럼 맥도없이 쓰러져서
영영다시 고개들지 못할것만 같던흉물
명주처럼 질긴목숨 비굴하게 버티더니
독사처럼 빳빳하게 대가리를 치세운다

가을되어 머리마다 꽃을가득 이은몰골
돼지발에 진주처럼 암만봐도 천한잡초
한번미워 끝도없이 밉기만한 쑥대머리
밤새내린 가을비에 나화가득 드리우고
찢겨져서 천한몸을 갈바람에 뒤척인다

어느갈날 네모습이 새삼스레 눈에든다
그끈기와 그오기의 찢긴몸에 눈멈춘다
그육신이 아름답고 청초하다 꽃을보라
어쩌다가 내가너를 끝도없이 미워했나
흐트러진 꽃잎주워 하늘높이 날려준다

강원도

강원도 땅
두 발로 서면 밭이고
네 발로 기면 산이다

강원도 땅
솥뚜껑만큼 하늘 뵈면 밭이고
종재기만큼 하늘 뵈면 산이다.

강원도 땅
돌이 흙보다 많으면 밭 만들고
흙이 돌보다 많으면 논 만든다

寧越 回想

참으로 많이도 외로웠다
속으로만 울부짖고
속으로만 아파하며
끝없이 날 버리며 괴로웠다

변해 버렸다
꾸었던 모든 꿈 놓아버렸고
세상보다 더 많이 변해버렸다

살아 있으면서도 죽은 척 했고
알고 있으면서도 눈을 감았고
어서 늙어 지기만
빨리 세월 가기만
갈망하고 갈망하며 괴로워했다
참으로 많이도 외로웠다

병원에서

노인이 링거대를 밀며 복도를 간다
달팽이처럼 힘겹게 걷는다
마른 풀잎 같다
어쩌면 지금의 저 노인이
머잖은 미래의 나일 수도 있겠다

둘째아이 이름 짓기

흔치 않아야 한다
듣는 이에게 인상적이어야 한다
처음 들어도 친근감이 들어야 하고
깊은 의미가 있어야 한다
쓰기 좋고 부르기 편하고
어른이 되어서도 가볍지 말아야 한다
단아란 이름이 먼저 떠오른다
단정하고 우아하고 내 고향 첫 글자고
나는 한다라는 긍정적 의미
단아양, 한단아 씨, 한단이 여사,
어른이 되었을 때 조금 가볍다
한사랑
예쁘고 상큼한데 직설적이라
은은하고 깊은 맛은 느낄 수 없다
한백
의미는 많이 찾을 수 있는데
여자 이름으로 너무 무겁다
아빠는 이래저래 머리가 아픈데
엄마는 이것저것 모두 반대다
하루 이틀 사흘 나흘 한주일이 다 오는 데

머리는 점점 엉킨다
오늘 아침 차를 타고 올림픽대로를 달리다
무심히 눈 들어 한강을 본다
한강 한가람
여울 한여울
부르기는 가람보다 여울이 산뜻한데
어른이 되어서는 가람이 더 좋다
가람아, 가람씨, 한가람 여사
그래! 가람이가 정말 괜찮다
부르기 좋고 듣기 편하고 활동적이다
이제부터 네 이름 가람이로 하자구나
영원한 네 이름은 한가람이다
강처럼 도도히 세상을 살아라
강처럼 유유히 인생을 살아라
그리고 천천히 변함없이 살아라
아빠는 너를 진정 사랑한단다

편지

사랑하는 이여
절망과 방황의 끝자락에서
그대에게 이 글을 써야만 하오

우리는 서로 사랑하였고
많이 참고 노력했지만
이젠 모두 거품 같은 지난일이 되었고
죽을 만큼 아프지만
하늘 우러러 굳게 맺은 우리의 언약과
수많은 추억들을 잊자고 쓰오

지금도 날마다 그대를 그리고
밤마다 그대를 생각 하지만
우연이라도 만나지 말자
눈물을 흘리며 이글을 쓰오

내 이제 다시 누구를 만나
또다시 사랑하게 된다 하여도
죽는 날까지 못 잊을 그대에게
세월이 가면은 잊힌다 쓰오

사랑했던 사람이여
나 이제 그대에게 마지막으로
나보다 행복하라 눈물로 쓰오

귀향(歸鄕)3)

코발트색 양복에 빨간 넥타이 짧게 메고
한 손에 나이스(NACE) 가방 한 손에 百花壽福 들고
우리는 일 년에 한두 번씩 설레면서
고향 가는 밤 열차에 몸을 싣는다
오늘 하루도 고단한 시간들이었지만
흔들림 속에서도 머리는 점점 맑아지고
시간은 참 더디게만 간다
기적소리에 밤이 걷히고
뿌옇게 눈에 익은 산야가 차창으로 들어오면
마음이 분주해지고
덜커덩! 열차가 가쁜 숨 내쉬며 걸음 멈추면
급할 것도 없으면서
우리는 바쁘게 고향땅을 밟는다
누가 손 흔들며 와주지 않을까
누가 내 어깨를 쳐주지 않을까
누가 내 이름을 부르지 않을까
아닌 척 사방을 두리번거리며
우리는 설레는 마음으로
일 년에 한두 번씩 고향에 간다

---

3) 1982년 추석날 아침에

어머니의 臨終

연우(煙雨) 촉촉한 봄날 새벽에
님은
이제 먼 길을 가려 하신다

빗소리에 묻혀
숨소리 점점 희미해지다가
한 순간에
마지막 남은 숨 길게 내뱉고
바위 같은 안식을 얼굴에 새긴다

떠나셨구나

눈 드니 창밖은 고즈넉하고
개나리꽃 뿌옇게 눈에 드는데

떠나는 이도
지키는 이도
아무런 말도 하지 못한다

막내

봉이가 떠났다
빛바랜 가방 메고 엉덩이 툭툭 치며
씨익 웃고 형 곁을 떠나버렸다
열심히 하면 되겠지요 뭐!
눈을 껌뻑이며 커피 잔 비우고
훌쩍 서울을 떠나버렸다
그새 서울옷 벗어 던지고
농구화 끈 조여 신고 허리띠 바짝 매고
성큼성큼 형 곁을 떠나버렸다

한강(漢江)

삶과 주검이 획획 감고 넘나들던
그때 끊겨졌던 그 다릿발 사이로
핏빛 江물이 휘감아친다

한 포기 풀 한 줌 흙도 그 피가 배어
푸르름 삼키어 핏빛으로 토하는 강
이제 그 江邊에 썩지 못할 뼈를 이어
완성된 어제 위에 오늘을 또 쌓는다

목마른 자 찾아와 배고픈 자 찾아와
痛哭하며 가슴 치며 미친 듯이 퍼 올린 물
황량한 大地위에 백만 년을 뿌린다
피를 찾는 무리들이 줄을 잇는다

그리운 고향[4)]

눈 감으면 떠오르는 그리운 고향
가슴속에 피어나는 아련한 추억
논둑길을 걸으며 불러주던 그 노래가
눈 감으면 귓가에 들려옵니다

눈 감으면 떠오르는 그리운 고향
잡힐 듯이 그려지는 보고픈 얼굴
앞개울에 모여서 함께 쌓던 모래성을
눈을 감고 소복이 쌓아 봅니다

눈 감으면 떠오르는 그리운 고향
꿈속에서 뛰놀던 정겨운 골목
뒷동산에 올라가 함께 따서 담던 저볍
빈 가슴에 가득히 담아 봅니다

---

4) 여수에서 지은 동요 가사

엿장수 타령[5)]

아오세요 오세요 꼬마손님 오세요
동전갖고 오세요 헌책갖고 오세요
빈병들고 오세요 고철들고 오세요
빨리빨리 오세요 가기전에 오세요
할머니도 오시고 아저씨도 오세요
고무신도 받아요 가락지도 받아요
어서빨리 오세요 늦기전에 오세요
예쁜이도 오시고 삼돌이도 오세요
우물가에 저처녀 동이이고 오시고
밭을매는 아줌마 호미들고 오세요
깡통들고 오세요 냄비들고 오세요
머리카락 받아요 숟가락도 좋아요
말안듣는 아이는 내가잡아 가고요
말잘듣는 아이는 엿을잔뜩 주지요
얼굴예쁜 아가씨 자꾸자꾸 드려요
가기전에 오세요 어서빨리 오세요

---

5) 구전되어오는 것을 적어보다

아줌마 찐빵 빠졌어요

찐빵 집 명환이는 얼음 배를 잘 탄다
애들은 명환이를 찐빵이라 부른다

얼음배 타다가 명환이가 빠졌다
얼음배가 두 쪽으로 쩍 갈라지며
복두소 얼음물에 빠져 버렸다

애들은 겁이 나서 안 탄다고 했는데
용감한 명환이만 장대들고 탄 것이다

허겁지겁 기어 나와 추운 줄도 모르고
애들이 만들어놓은 알불에 바짝 붙어
이리저리 몸 돌리며 언 몸 녹인다

명환이 바지는 새로 산 쫄바지다
추운 건 괜찮은데 옷 버린 게 문제다

보나마나 엄마에게 무지하게 혼날 텐데
아무 일도 없는 듯 엄마 눈 속이려면
바지는 깨끗하게 말려 입고 가야한다
급한 맘에 불 가까이 엉덩이 들이대다

쫄쫄이 나일론이 불에 녹아버렸다

처음 입은 새 바지에 구멍이 크게 났다
애들은 깔깔대며 재미있어 하는데
명환이 얼굴만 똥상이 되어간다

서산에 해 걸려 아이들 흩어져도
명환이 혼자만 자리를 못 뜬다

애들이 집 가다가 명환네 앞 지나간다
명환네 찐빵집 은 손님도 참 많다
아이들 입을 모아 큰소리로 꼬바친다

"아! 줌! 마! 찐빵 빠 · 졌 · 대 · 요"

찐빵 찔던 명환엄미 회급히 바닥 보고
찐빵 먹던 아저씨 슬그머니 바닥 보고
찐빵 사던 할머니도 땅바닥을 보신다
도망치며 아이들이 까르르르 웃는다
이월 달 짧은 해가 봉산 넘어 꼴딱진다.

우물 안 개구리

제 세상 밖 넓고 큰지 알 턱이 없지
제 노는 웅덩이가 세상 다니까
제 기분 껏 휘젓고 쏘다니며
제 마음대로 흙탕물 내고
제 사는 법 제가 만들어
제 멋대로 왕 노릇 하고
제 천성도 못 바꾸면서
제 머리는 개벽도 쉽고
제 스스로가 신앙이 되고
제 힘으로 뭐든 다 이루고
제가 제일 크고 제일 멋지고
제 목청으로 천하를 호령하고
제 피부는 언제나 윤이 흐르고
제 눈깔 튀어나와 기품이 넘치고

파도

– 대천에서

놈은
간통한 제 젊은 계집을
발가벗겨 백사장에 내동댕이 친다

계집은
벗겨진 몸뚱이를 어쩌지 못해
체념의 두 눈을 감아 버린다

어쩌란 말이여
어쩌란 말이여
난! 어쩌란 말이여

놈은 거품을 쏟아내며
제 가슴팍을 쥐어뜯는다

이센
잠들고 싶다
뜨거웠던 지난여름을 꿈꾸며

남영동

세상천지 알 턱이 없지
귀때기 새파란 어린 것들이
우루루 떼 지어 몰려다니며
대가리 맞쳐박고 쑥덕이는 꼴들이
뭔가 또 한바탕 하려나 보다

서울 하늘은 맑고 공활한데
매퀘한 연기가 남영동에 퍼지면
슬프지도 않은데 눈물이 쏟아지고
가슴엔 커다란 바위가 얹힌다
옘병!
대한사람 대한으로 길이 보존하세

5부

얼렁벌에 비가 오면

1호선 환승역

인간들
참
많기도 하다

밤늦은 시간에도
꾸역꾸역 쏟아진다

쳐 죽이고
패 죽이고
밟아 죽이고

넋 나가 돌아오는
패잔병 같다

얼렁벌에 비가 오면

키 작은 바나나 잎새와
적톳길에 떨어지는 굵은 빗방울
짝을 찾는 또까이 울음소리
초보 이방인이 사는 얼렁벌에
하루 종일 비가 억수같이 쏟아진다.

어떻게 해야 하나
무엇을 해야 하나

볼 수 없어 더 보고픈 사람들만
그리워 하고 그리워 하고 또 그리워한다.

한석방(韓石房)

이것도 팔자에 있는 짓이리라
돌팍 몇 개 펼쳐놓고
지나가는 인간들 눈깔만 쳐다본다
나를 속이는 짓이다
나를 속이는 짓이다
내 속이 보여지니 울화통만 터진다

어떤 사람이 그런다
당신 참 잘생겼시다
엿 먹어라 속으로 외치면서도
큰 것 하나 공짜로 팍 엥기고 싶다

너도나도 바빠서 다 죽겠단다
한 통화에 서너 번씩 끼워서 던진다
다들 실속들이 있기나 한건지…

나도 그런다
아무가 묻던지 바쁘다고 내던진다
끄떡이는 꼴들이 혼자 우습다

"사람은 사람을 잘 만나야지"
할머니 말씀이 새삼스럽다
그런데
만나는 놈마다 사기꾼이니
언제 돈 벌고 장가도 드나
아등바등 살아도 풀리질 않으니
좋은 게 좋다고 웃으며 산다
그래도 여전히 육십키로다

술 마신 다음 날

해야 뜨지 마라
지구야 멈춰라
애고! 애고애고 사람 죽겠다
속아 참아다오
시간아 빨리가라
이놈에 냉수는 벌써 동난 거냐
골아 꽉 잡아라
흔들려 나 죽겠다
다시 술 마시면 성을 갈란다

안내 말씀

승객 여러분!
여러분이 타고 계신 이 유행호 열차는
빠리 발 상동 경유[6] 명동 행 열차입니다
경유지인 상동역에서는
형광등 불빛 아래 현찰을 꺼내시면
순식간에 녹아서 없어져 버리오니
이점 각별히 유의하시고
오늘도 즐거운 여행되시기 바랍니다
감사합니다.

---

6) 7.80년대 석탄과 중석이 많이 생산되던 시절, 파리의 최신유행은 영월 상동을 거쳐 서울로 가고 신권은 제일먼저 이곳으로 보내져서 작부집에서 돈이 모두 녹아서 없어졌다함

별리

세상에 수 없이 사람이 많고
저마다 숨겨진 사연 많은데
그까짓 정이 뭔데 날 괴롭히나
그까짓 게 뭐라고 나를 말리나

내가 살면 얼마나 살았고
내가 알면 얼마나 알아
수없이 사람들은 사랑을 하고
그 사랑 못 이뤄도 살아가는데

우리의 헤어짐이 무엇이기에
이 밤은 끝도 없이 비가 내리나
너의 의미가 무엇이기에
긴긴밤 잠 못 들며 나를 태우나

네가 떠난다면 보내줘야지
사랑 했으니까 보내줘야지
보내고 후회하지 말아야지
보내고 미워하지 말아야지

아무리 그리워도 잊어야지
아무리 괴로워도 잊어야지
아무리 외로워도 잊어야지
그리다 죽더라도 잊어야지

열차에서

달리지만
앞으로만 달리지만
혼자만 달려가고 싶지는 않다

머물지만
낯선 곳에 머물지만
한 세월 머무르고 싶지가 않다

흔들리지만
쉬지 않고 흔들리지만
누구를 미워하고 싶지도 않다.

노화 현상(老化 現象)

사월 감기에 얼이 다 빠진다
식욕 잃고 축 늘어져
병자처럼 보낸다
이러는 내가 내게 짜증이 난다

삐끗 주기가 점점 짧아진다
별것 아닌 몸짓에 맥없이 주저앉아
약 먹고 침 맞으며 보름 남짓 다독여서
아픈 허리 잡고 어그적거리고 걷는다

뜬금없이 위장도 앙탈을 부려댄다
점심밥 잘 먹고 식곤증이 오더니
오한에 설사에 식은땀이 흐르고
주사 맞고 약 먹어도 소용이 없다

늙는 모양이다
늙는 모양이다
거울 앞에 서있는 반백의 사내가
참으로 볼품없고 외소해 뵌다

마리아 사랑

착한 마리아 아침 산책길에서
꽃망울 터트리는 들꽃을 봅니다
잎새에 구르는 햇살받은 이슬이
손등으로 반짝이며 떨어집니다

예쁜 마리아 황혼녘 언덕길을
노루처럼 겅중겅중 달려갑니다
풀밭에 주저앉아 두 손 귀에 대고
풀벌레들 합창소리에 눈 감습니다

임원(臨院)

이곳엔
짙은 바다내음이 늘 있다

작열하는 태양 받으며
白沙 눈부신 수면 위로
滿船旗 펄럭이며 배 들어온다

작은 등대는 갈매기의 집
낮은 방파제는 파도의 집
희끗희끗 白波이는 파도 밭에서
老 태공은 무심히 줄을 담그고
아낙들의 긴 바람이 물결을 탄다

밤이 까맣게 밀려오고
등대가 수줍게 불을 밝히면
불가사리별이 되어 하늘에 피어나고
이까바리 불꽃이 바다에 피어난다

부산 일가족 살해사건의 전말

일가족이 총에 맞아 죽었다[7)]
엄마 아빠 그리고 어린 것들도 죽었고
늙은이도 죽었다

단지 배가 고파서
먹을 것을 찾아 나섰을 뿐이고
어쩌다 그들의 구역으로 들어갔고
그들의 눈에 띄었을 뿐인데
그들에 의해 무자비 하게 내 몰렸다

필사적으로 도망쳤지만
큰물까지 건너 도망 쳤지만
결국 그들에 의해 처절히 살해 되었다

열 한 구의 주검은 일열로 언 땅 위에 뉘어졌고
플래시를 받으며 사진으로 찍혔고
그들을 놀라게 해서 사살했노라 주석이 달려
순식간에 온 세상으로 전송 되었다

---

7) 부산 사상구에 출몰했다 죽임을 당한 멧돼지 일가를 애도하며

세상은 아무도 애도하려 하지 않았다

원래 그 땅은 모두의 땅이었고
일가족은 단지 배가 고팠을 뿐이었다.

취중 망담

사실이 모두 진리일 수 없다
삼라만상 모두에
불변의 진리는 있지만
우매한 인간들은
자기가 믿는 것에 어이없이 함몰된다

시간이 일깨워 준다
믿음에 의문이 일고
그 의문이 괴물처럼 커지면
번민의 긴 터널을 자나야 하고
고통의 끝자락에서야 지혜의 문은 열린다

현실은 언제나 비정상이다
지혜가 잔꾀처럼 고루해뵈고
저항이 배반이 되고
만용이 엄청난 용기로 포장되고
꼼수가 지략처럼 더덩실 춤을 춘다

그들은 입만 열면 국민만을 떠받들고
그들의 뱃속에는 오물만 가득하다
그런 것들이
공기처럼 이 세상에 가득차 있다

주문진 에세이

0도가 제일 추운 법이다
항구에 구르는 쓰레기와
흩날리는 눈발과
저녁안개와
을씨년과
묶인 채 흔들리는 고깃배들과

11월의 주문진은
선술집 마당에 널린 이불빨래 같다
여보세요
혹시 사람 사는 곳을 아시나요?
사람을 기다리는 물고기를 보셨나요?

춥다! 춥다! 춥다!
너무 추워서
겨울이 빨리 왔으면 좋겠다

함박눈이 펑펑 내려서
온 세상이 흰 눈으로 가득 덮이면

외롭고 상처 많은 사람들 끼리
어쩔 수 없이 또 사랑을 하는
겨울이 빨리 왔으면 좋겠다

도시인 · 1

벌판 한가운데 후미지고 습한 곳에
통나무와 진흙으로 집을 지으리라

입은 채로
신은 채로
먹고 자고 뒹굴어도
비 질 한번 필요 없는 굴처럼 지으리라
침대위엔 개가죽 같은 이불이 늘 구겨져있고
모서리마다 기둥 마다
거미줄과 그을음이 엉켜 있으리라
북으로 작게 창을 내리라
벽에는 곰팡이가 까맣게 슬고
벌름한 창틈 사이로
청솔 연기가 꾸역꾸역 스며들리라

방을 하나 따로 내리라
제법 넓지만
빛 하나 들지 않게 사방을 메우리라
방 가운데 길게 두 줄 실광을 치고

고깃덩일 척척 걸어 두리라
피 냄새와 살 냄새와 그런 것들이
내게
살아 있음을 말해주리라

비 오는 날이면 그 방에서 지내리라
써대고 찢어대며 밤을 지새리라

도시인 · 2

무거운 공기가 비를 부른다
비도 오려는데 어찌 할까나
지금쯤 무교동 골뱅이집엔
참새들 모여앉아 성을 쌓겠지

광화문 지하도 교보문고라
비도 오려는데 그거 괜찮다
시집 한권 사서 차에 오르면
소주 한 잔 한 것 보단 뿌듯하겠다

제목 보다 더 크게 박 아무개라
젊은 놈이 바보처럼 히죽 웃는다
그놈 참 그 나이에 대단도 하다
제 이름 으로 책까지 냈으니

사타구니 어떻고 봄 보지가 어떻구
무슨 시가 이렇게 난해한건가
똥 갈기듯 그려놓은 글씨체 하며
허! 이거 내 수준에 어려 운건가

또 한 장을 넘기니 제목도 없이
무슨 대학 나와서 무슨 상 탔고
무슨 여학교에서 나랏말 갈치고
진짜 시인 되려고 대학원 나갑네

그렇게 책 한 권 대충 메우고
뒷장에 커다랗게 써놓은 것이
이천 원 이니까 살테면 사쇼
그렇게 쓰기도 힘들었겠다

나도 젊지만 젊은 놈 짓은
도대체 알 수가 없단 말이야!
에라 이놈아 밑돈이 썩냐?
그 돈으로 골뱅이 씹어 대면서
두꺼비 두어 마리 잡아 먹고는
알딸딸한 기분으로 막차 탈란다

도시인 · 3

길을 걷고
차를 타고
밥을 먹고
똥을 싸고
술 마시고
이빨 닦고
쉬지 않고 숨을 쉬며 그냥 살다가도
갑자기 입이 마르고
가슴이 답답해 져서
뭔 짓이든 해야만 풀어질 것 같은 날엔
성냥갑에든
찌라시에든
담배곽에든
신문 쪼가리에든
명함 뒤에든
더러운 욕지거리 잔뜩 적어서
쓰레기통에 구겨 넣고는
가래침 한번 퉤 뱉고 나면
기분이 조금은 좋아 집니다

허튼소리 · 1

새벽안개 뚫고 동강 철교로
기차가 힘차게 달려갑니다

무심히 쳐다본 열차 허리에
민영화 반대라고 크게 쓰고 갑니다

민영화 반대로 가는 차인지
저놈 이름이 민영화 반대인지

물안개 가르며 새벽 기차는
쏜살같이 서쪽으로 달려갑니다

허튼소리 · 2

딸아이로 태어나줘 다행입니다
맏이라는 멍에도 한없이 무거운 건데
한 집안의 종손으로 산다는 것은
생각만 해도 끔찍합니다

사랑하나 만으로만 세상에 나와
부질없는 족보에 얽매임 없이
저 자신만 잘 살면 흉 될 게 없는
딸이기에 천만 다행입니다

작은놈도 딸인 것은 축복입니다
운 없어 사내로 태어났다면
형제 사촌 통틀어 막내인 것이
종손의 짐을 양 어깨에 짊어지고
평생을 살아가야 할 테니까요

우리의 관습이 고맙습니다
아들로 태어나야 대를 이으니
우리 딸들 에게는 감사하지요
여자라서 거칠 것이 없는 시대에
거침없이 멋진 인생 살아주세요

허튼소리 · 3

월드컵을 치르던 2002년 초순에
민영화 반대라며 기차가 멈춰 섰고
내 둔한 머리로도 또렷한 기억에
온 나라가 불편하고 피곤했었다

10년도 더 지난 2013 겨울에
민영화 반대라며 기차가 또 멈추니
이게 도대체 무슨 조화 속인지
촌사람은 도무지 알 수가 없다

그 큰 기차가 꼼짝없이 서있으니
민영화가 무서운 건 틀림 없는데
아무리 무서워도 잘 가는 기차가
대책 없이 선다는 게 말도 아니다

안 그래도 세상이 뒤숭숭해서
하루에도 몇 번씩 깜짝 놀라고
밤늦은 시간에 전화만 걸려와도
공연히 가슴이 방망이질 하는데

생일

아침에 미역국을 먹었습니다
점심도 미역국을 먹었습니다
저녁에 또 미역국을 먹었습니다

꾸루마 두르고 담배 한 대 물고
텅 빈 마당으로 나섰습니다

야자 잎 사이로 히뿌연 달이
오늘따라 외롭게 느껴집니다

정답게만 들리던 또까이 울음도
마냥 쓸쓸하게 들려옵니다

없는 집 개 보름 세듯이
허하게 생일을 보냈습니다
덧없이 나이만 늘었습니다

회상
-할아버지

이제와 그런 얘기 하면 뭘 하겠누
그러며 당신을 조금씩 내 보인다

젊은 날엔 술깨나 먹은 축이지
덕포 삼거리 서울옥에 들면은
초저녁부터 판을 벌려서
밤새 퍼마시기 다반사였고
그렇게 사 나흘씩도 끄덕없이 날새웠지

사변직후 군에 가서 운전기술 배워서
제무시 한대 받아 후생사업 시작했어
한 달에 일만 원을 군에다 받치면
그다음 버는 건 모두 내꺼야
족히 사 오만원은 벌었을꺼야
평생 그렇게 생기는 줄 생각하고
버는 족족 술로 모두 날려버렸지
그때 야무지게 돈을 모았다면
지금은 큰 부자가 되었을꺼야

운전수 인기가 하늘을 찔렀어

면서기나 선생보다 윗질이었지
차 몰고 마을길로 들라 치면
동네 처녀들이 모두 숨어 보았지
맘에 둔 처녀에게 물 한 잔을 청하면
수줍게 담 너머로 물대접을 건넸고
장난기가 동해서 손을 덥석 잡으면
어쩔 줄 몰라하며 내빼곤 했지
그렇게 연애하고 장가도 들었어
돌아보면 참으로 호시절 이었지

아들 딸 잘 낳고 한세상 잘 살았어
나야 밥 끓는지 죽 끓는지 몰랐지만
마누라는 맘고생 많았을 거야
아침밥 뚝딱 먹고 대문 나서면
날마다 만취해서 새벽녘에 들었고
돈 벌면 있는 대로 집에다 던져주고
못 벌 땐 몇 파스씩 한 푼도 못주었지
그래도 평생에 없다 소리 못 들었고
급전이 필요해서 걱정 할라치면
뭉칫돈을 슬그머니 밀어내 줬지

생각하니 그런 맛도 참 좋았는데
애들 다 키워놓고 편하려나 했는데
뭐가 그리도 바쁜 일이 생겼다고
시름시름 앓더니 훌쩍 먼저 가버리고

애들은 머리굵어 서울로 모두가고
졸지에 짝 잃은 짚신짝이 되버리고
홀애비 살이 수삼 년 이골도 났고
애들이 올라오라 성화도 댔지만
서울가면 내가 맘이 편치를 않았어
여기서야 내 입하나 추단하면 되니까
혼자 사는 것도 나쁘지가 않았어

세월이 한참을 흘러간 어느 해
누가 다릴 놓아 새 여자를 만났었지
사람이 좋아 보여 새살림을 차렸고
전 여자 대하듯 본맘으로 대했는데
자식 있는 에미는 늙어도 에미지
제 자식들 챙기느라 내 집 꼴이 엉망이야
속이 많이 상해도 참고 살았었는데

결국은 3년 만에 갈라서게 되드만
인연이라 생각하고 좋게 해서 보냈지
지금은 얼굴도 생각이 안나.

다시 혼자되니 얼마나 맘 편한지
이렇게 사는 것이 팔자 인가봐
남은세상 사는 게 걱정은 안되는데
갈 때 애들 못 볼까 그게 좀 걱정이지
지금도 애들은 올라오라 성화지만
난 그냥 내가 좋아 이렇게 산다우
애들이 자주 전화 줘서 고맙고
가끔씩 찾아주면 그 또한 기쁘지
몸 아플 때 전화와도 잘 있다고 말 한다우
늙은이 몸이란 게 늘 그렇고 그런 건데
애들 맘 불편하게 할 필요가 없잖수

세월이 참으로 쏜살같이 지나갔어
벗들도 이제 모두 세상 떠나갔고
나 또한 갈 날이 그리 멀지 않았어
그런대로 한세상 잘 산 것도 같구만
지나간 세월이 다 좋게만 생각되네

기억해야 할 나만의 이야기

내 할아버지 한두석
부역 나갔다 막걸리에 취한 저녁
빈 지게 어르며 흩어진 걸음으로 동네어귀 들어설 때
기분 좋은 일 있냐 사람들이 물으면
"허허 우리 큰손자 업은 줄 알았네"

내 할머니 심경래
왜정 때 기근 들어 나물 캐는 아낙이 짐승으로 헛보여 낫 들고 쫓았다는 이야기
기차곱배 매달려 피란가다 떨어져 부러진 쇠골 흔적안고 평생 살아가신 사변 이야기
전쟁 통에 열다섯 외딸 군인에게 욕 볼까 문둥이 분칠하고 광에 숨긴 이야기
"천암절벽 매달린 저 소나무도 제 살 곳 달라서 벼랑 끝인가"
나직이 읊조리던 당신만의 노래

내 아버지 한철수
제무시 몰고 산판일 나가 한 탕에 한 대포의 막걸리에 취해서

저녁 무렵 커브 놓쳐 개울 창에 차 처박고 냅다 코 골며 태평하게 잠들면
온 식구들 밤새도록 애가타서 횃불 받쳐 들고 찾아 나서고
아무 일도 없다는 듯 새벽녘에 집에 들어 곤히 자는 맏상주 번쩍 들어 올리고는
"나는 가다다" 소리치라 하시고 동네가 떠나가라 호방하게 웃던 모습
앞집 피안도 아저씨와 뭔가 틀어져 밤마다 쳐들어가 피안도 나오라우!
시비 걸어 싸우면 박치기에 깨지고 사람들에 끌려 집으로 오고
다음날 또 붙고 또 깨지고 집에 오고
날마다 찾아가서 끝내 무릎 꿇게 하는 오기와 똥뱃짱

내 어머니 이정선
가난한 친정식구 음으로 보살피고
딸린 여섯 새끼 억척으로 건사하고
꼿꼿한 시어른 속맘으로 보필하며
언제나 어디서나 당당하던 그 모습

임종을 앞둔 막내딸 결혼식 날
휠체어에 겨우 앉아 가족사진 찍을 때
여보! 사진사 양반 예쁘게 찍으시오!”
마지막 거침없고 당당했던 생전모습

내 새끼도 마누라도 다 알지 못하고
오직 나만이 기억 하는 이야기
이제 머잖아 나가고 나면
누구의 기억에도 없을 이야기
잊혀 진다는 게 허무하고 무섭지만
나만은 잊지 말고 기억하리라

국립중앙도서관 출판예정도서목록(CIP)

바탐방은 새벽에 왈츠를 춘다 : 한상섭 시집 / 지은이: 한상섭. -- 서울 : 문학공원, 2016
p. ; cm

ISBN 978-89-6577-178-4 03810 : ₩10000

한국 현대시[韓國現代詩]

811.7-KDC6
895.715-DDC23 CIP2016010686

한상섭 시집

바탐방은 새벽에 왈츠를 춘다

초판인쇄일 2016년 5월 10일
초판발행일 2016년 5월 15일

지은이 : 한상섭
펴낸곳 : 도서출판 문학공원
펴낸이 : 김순진
편집장 : 전하라
디자인 : 김초롱
등 록 : 2004년 3월 9일 제6-706호
주 소 : (우편번호 03382)서울 은평구 통일로 633
녹번오피스텔 501호 스토리문학사
전 화 : 02-2234-1666
팩 스 : 02-2236-1666
홈페이지 : http://cafe.daum.net/yob51
이메일 : 4615562@hanmail.net